I0501878

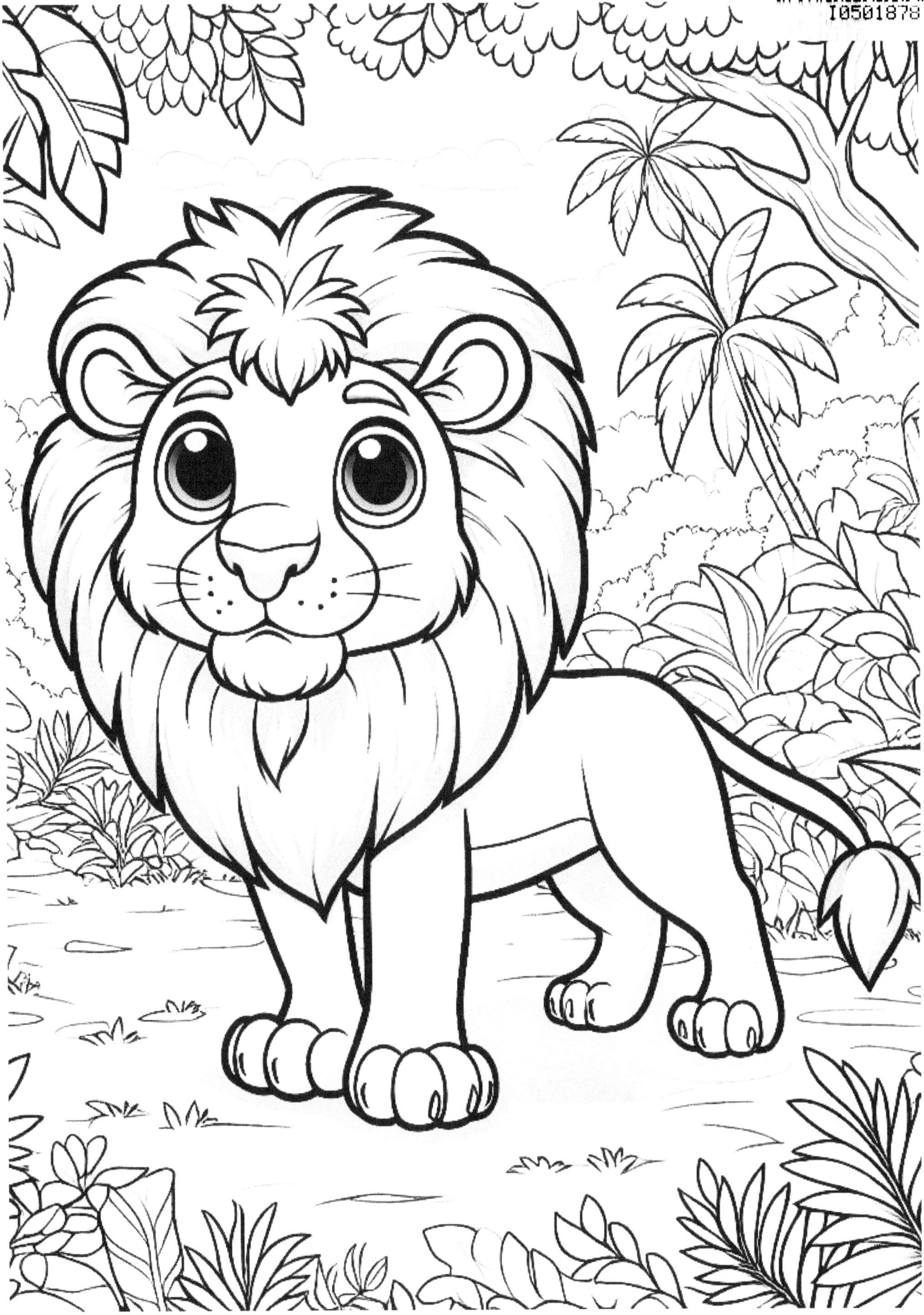

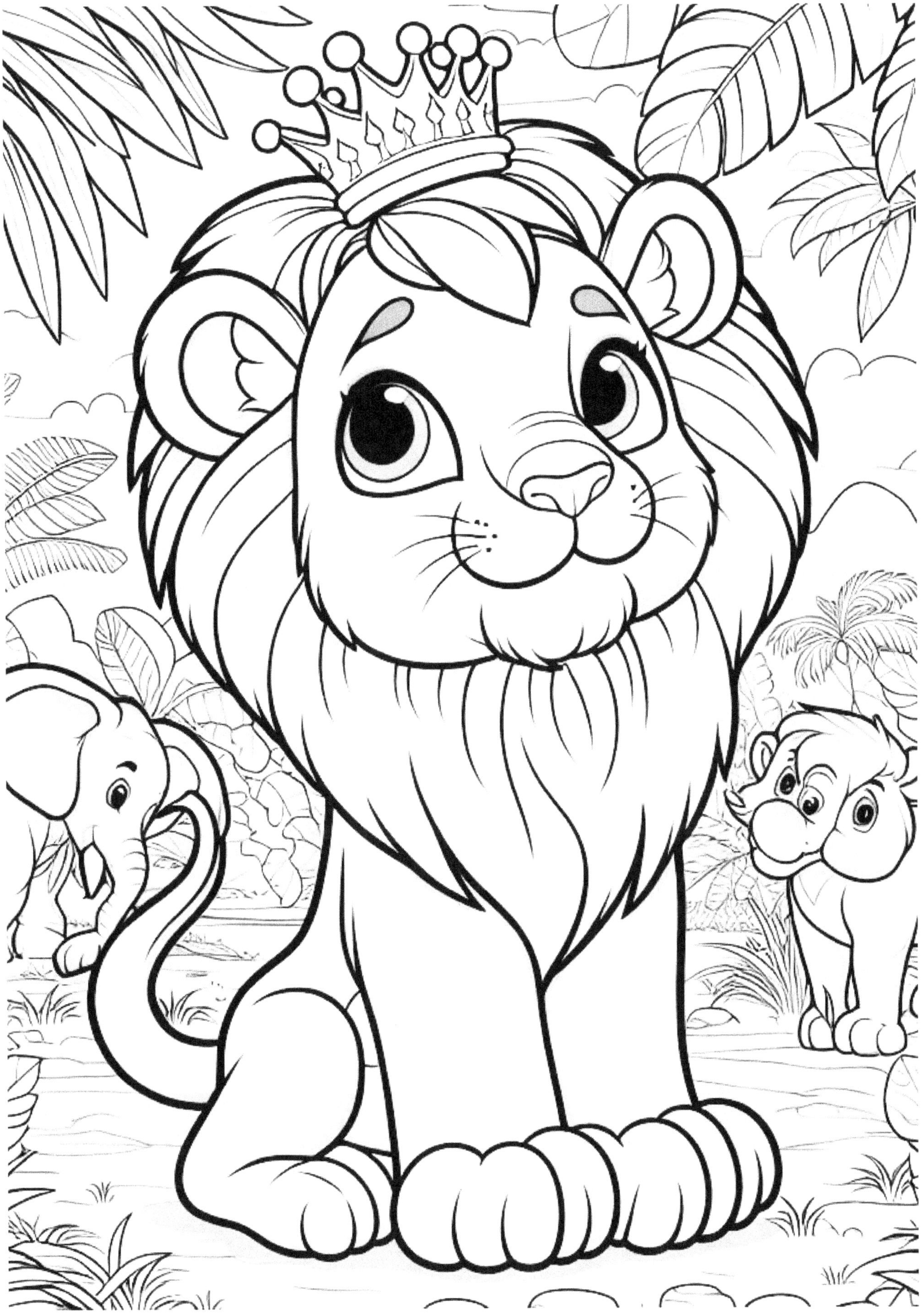

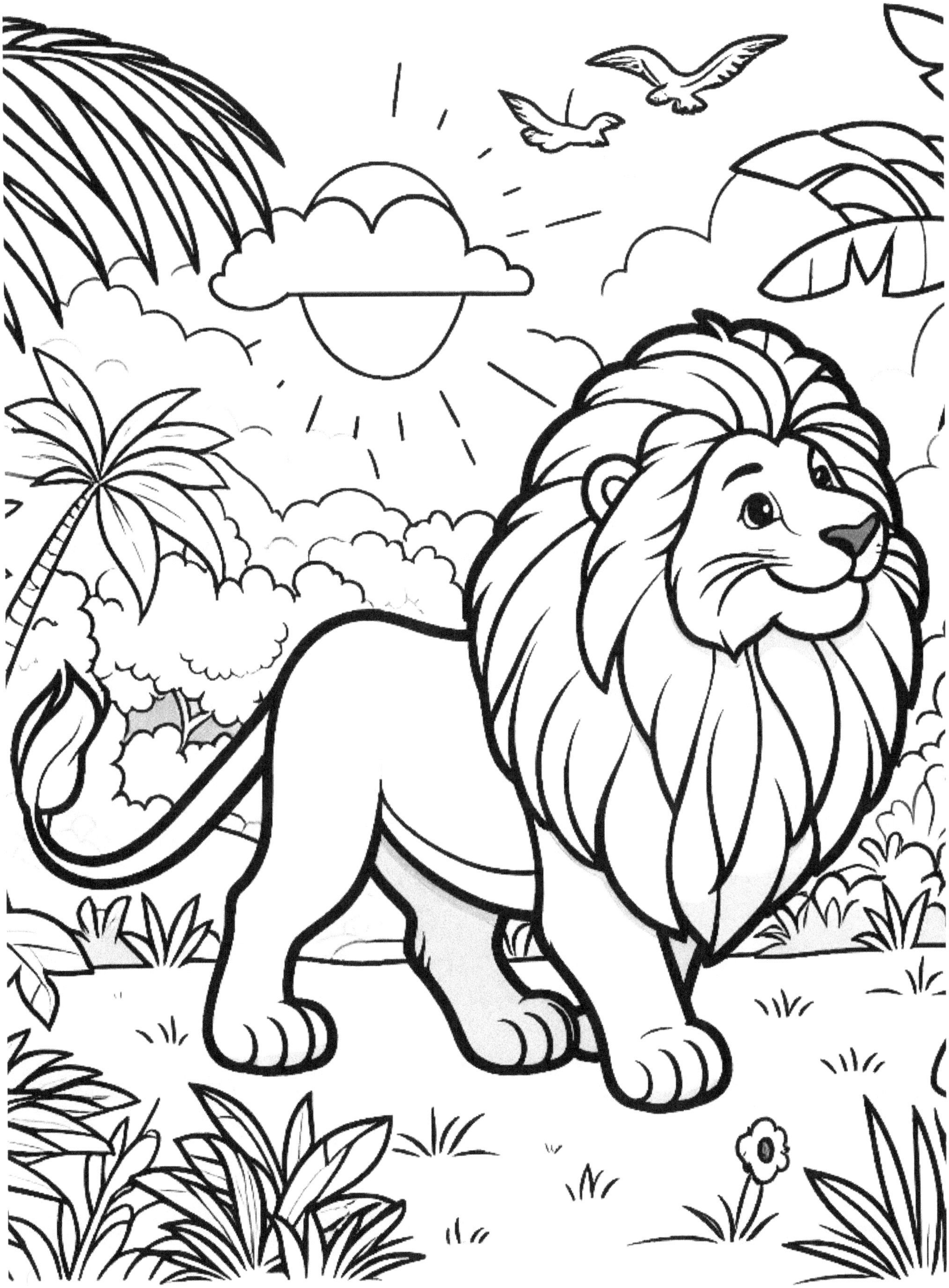

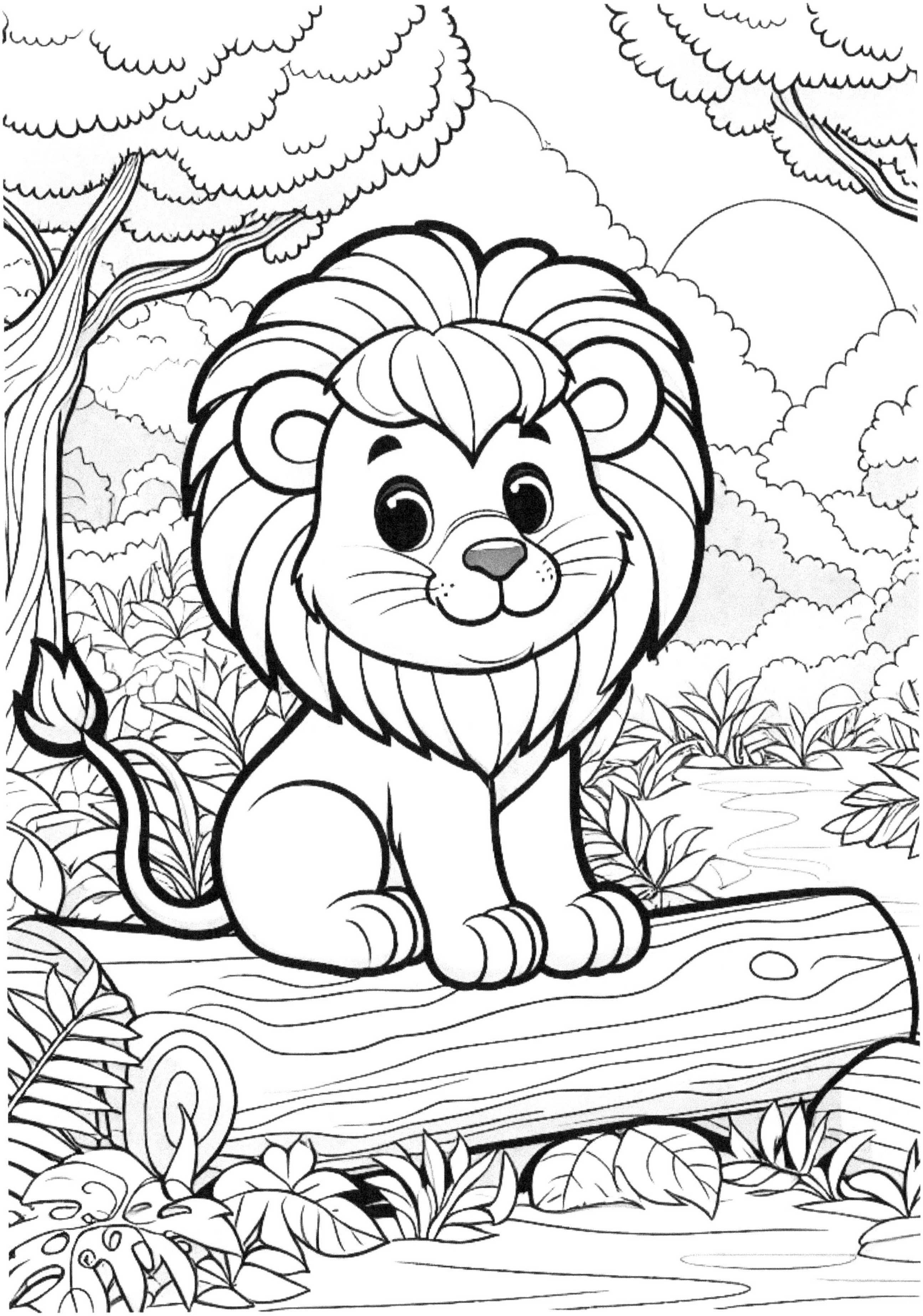

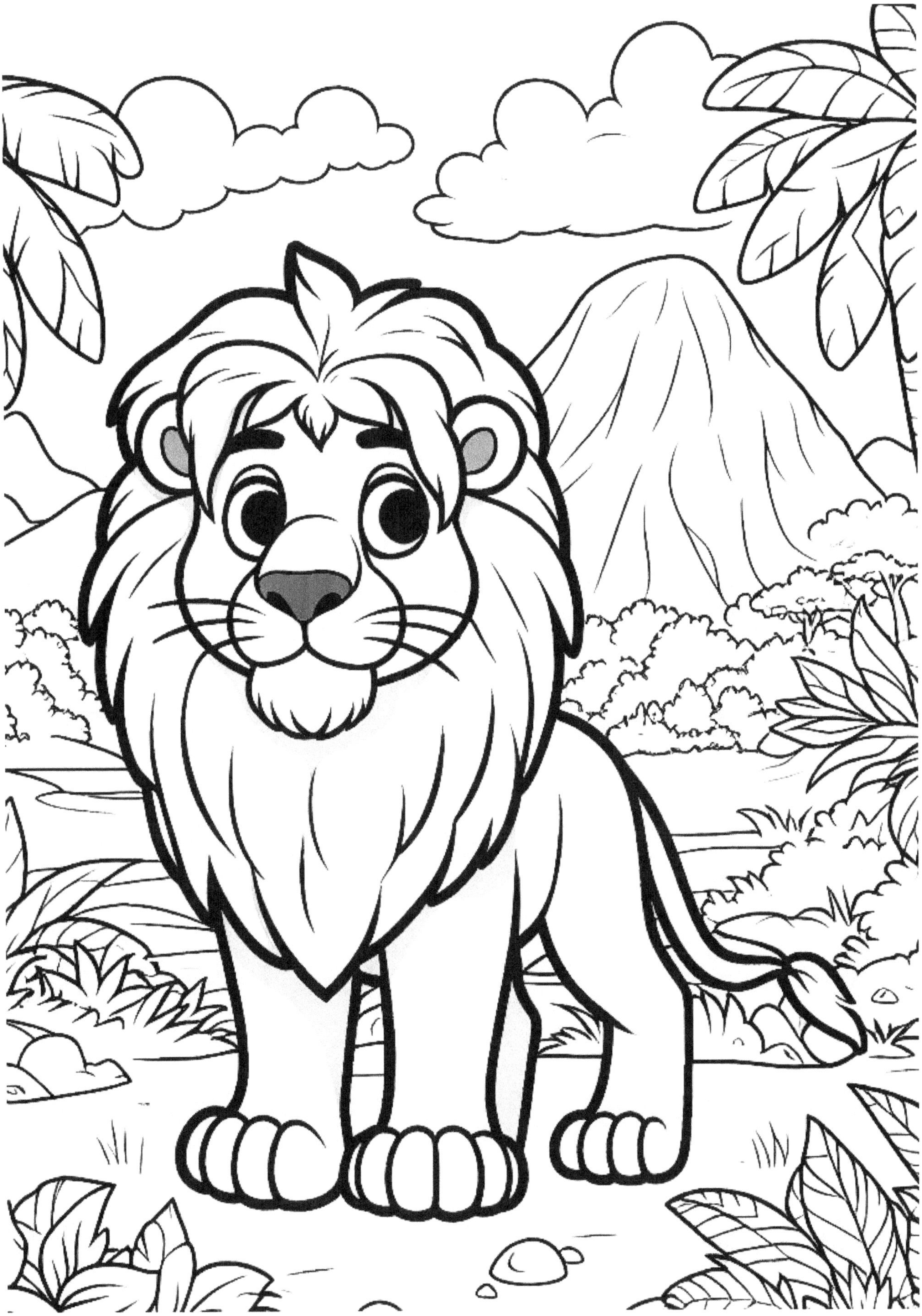

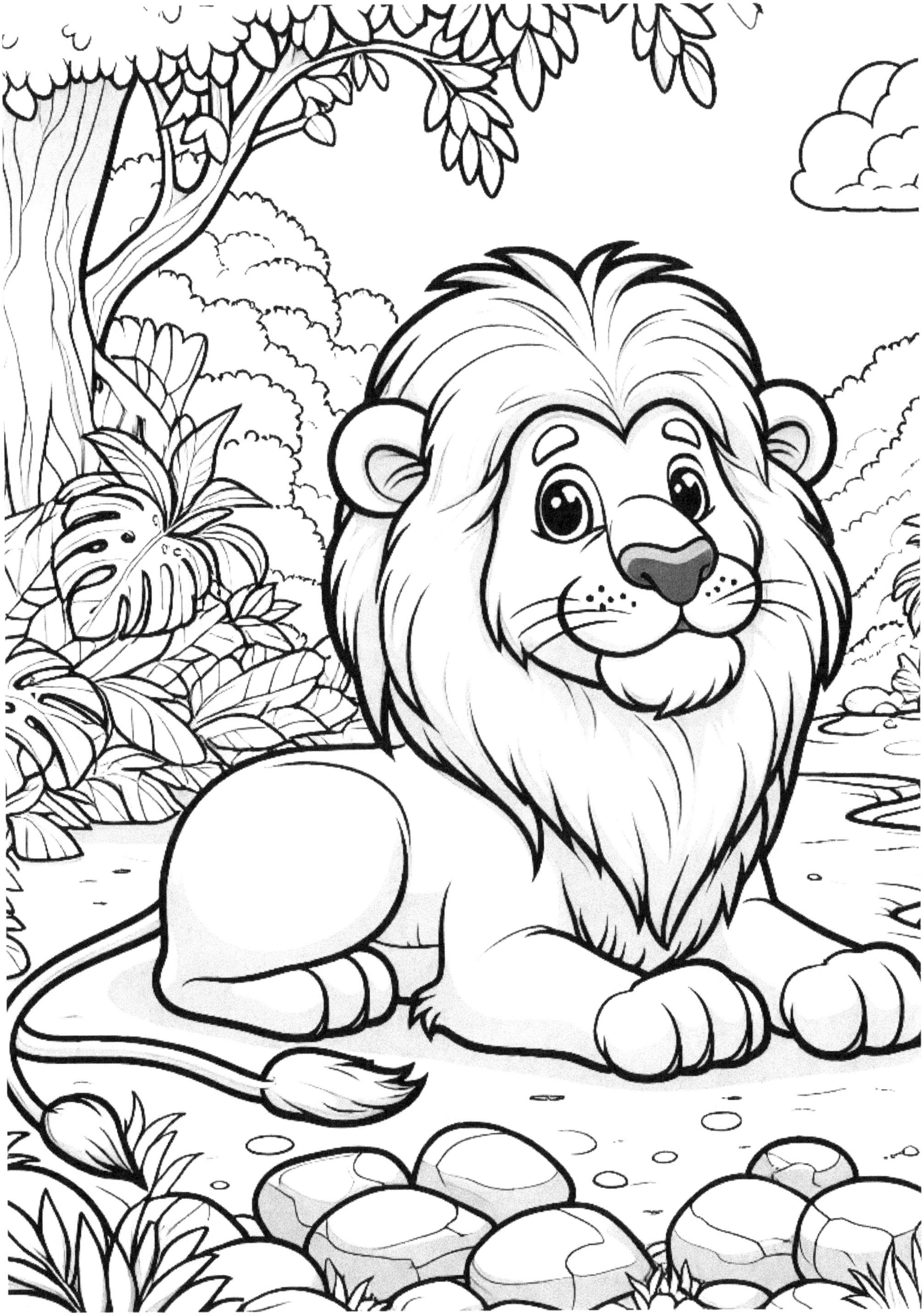

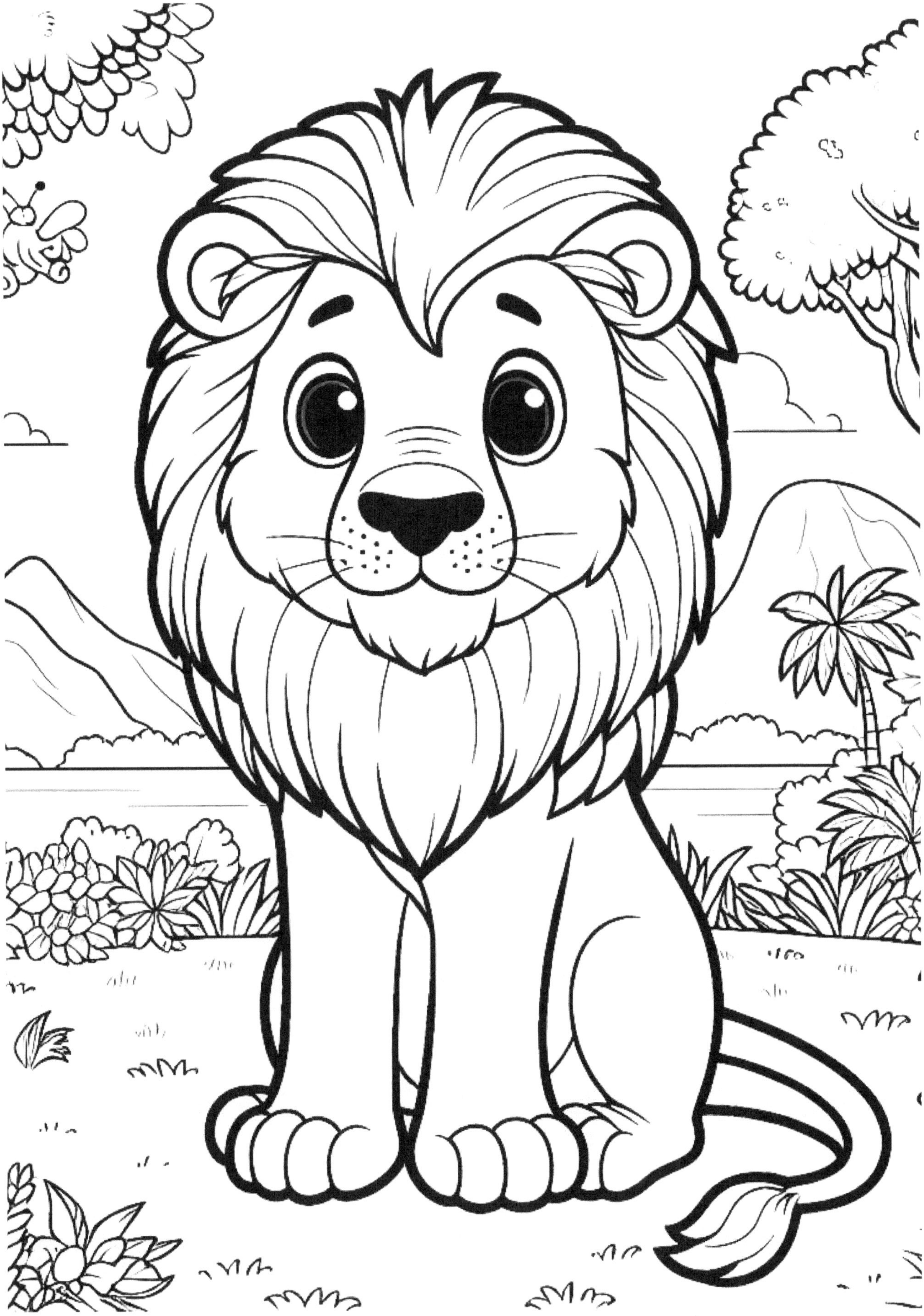

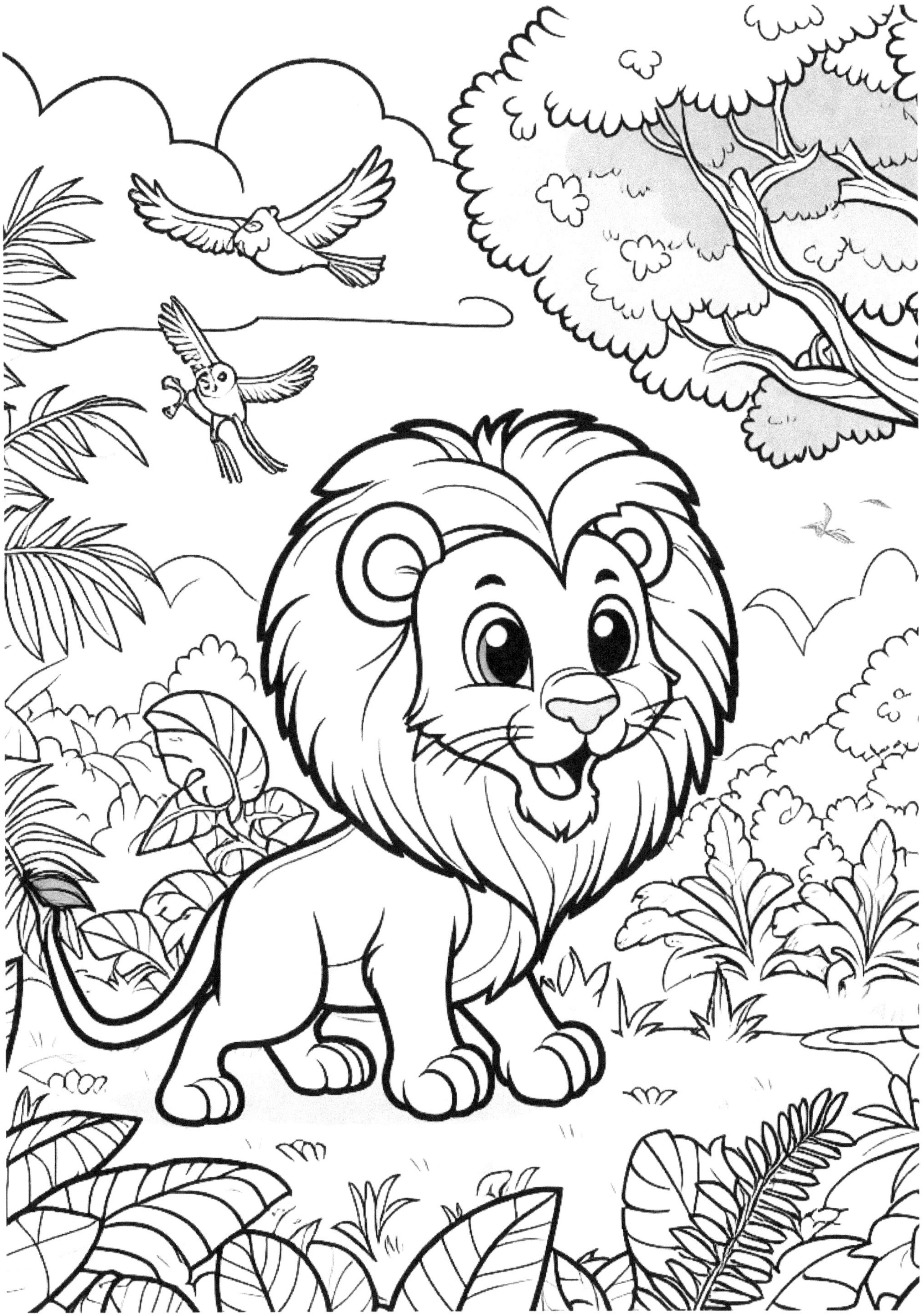

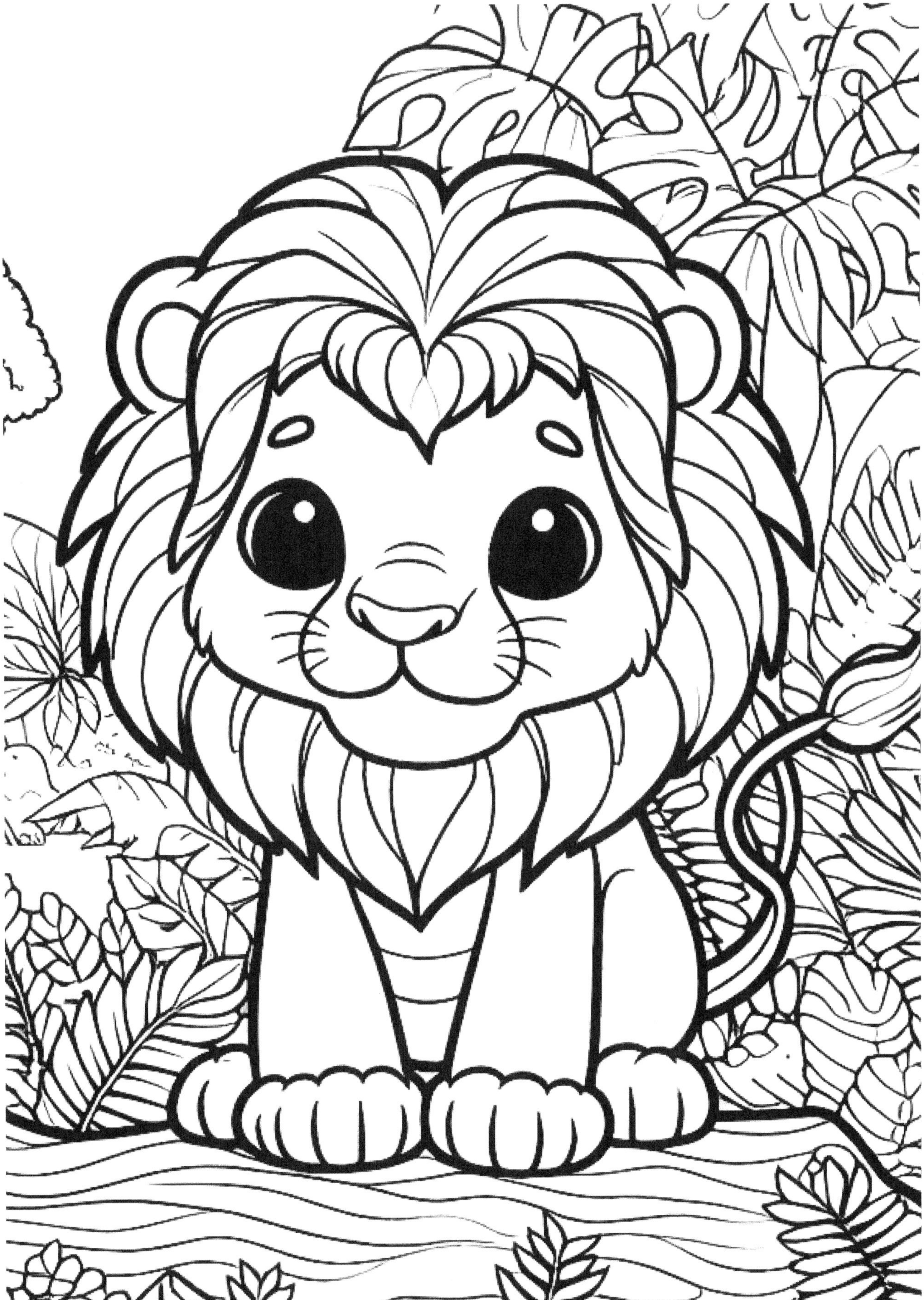

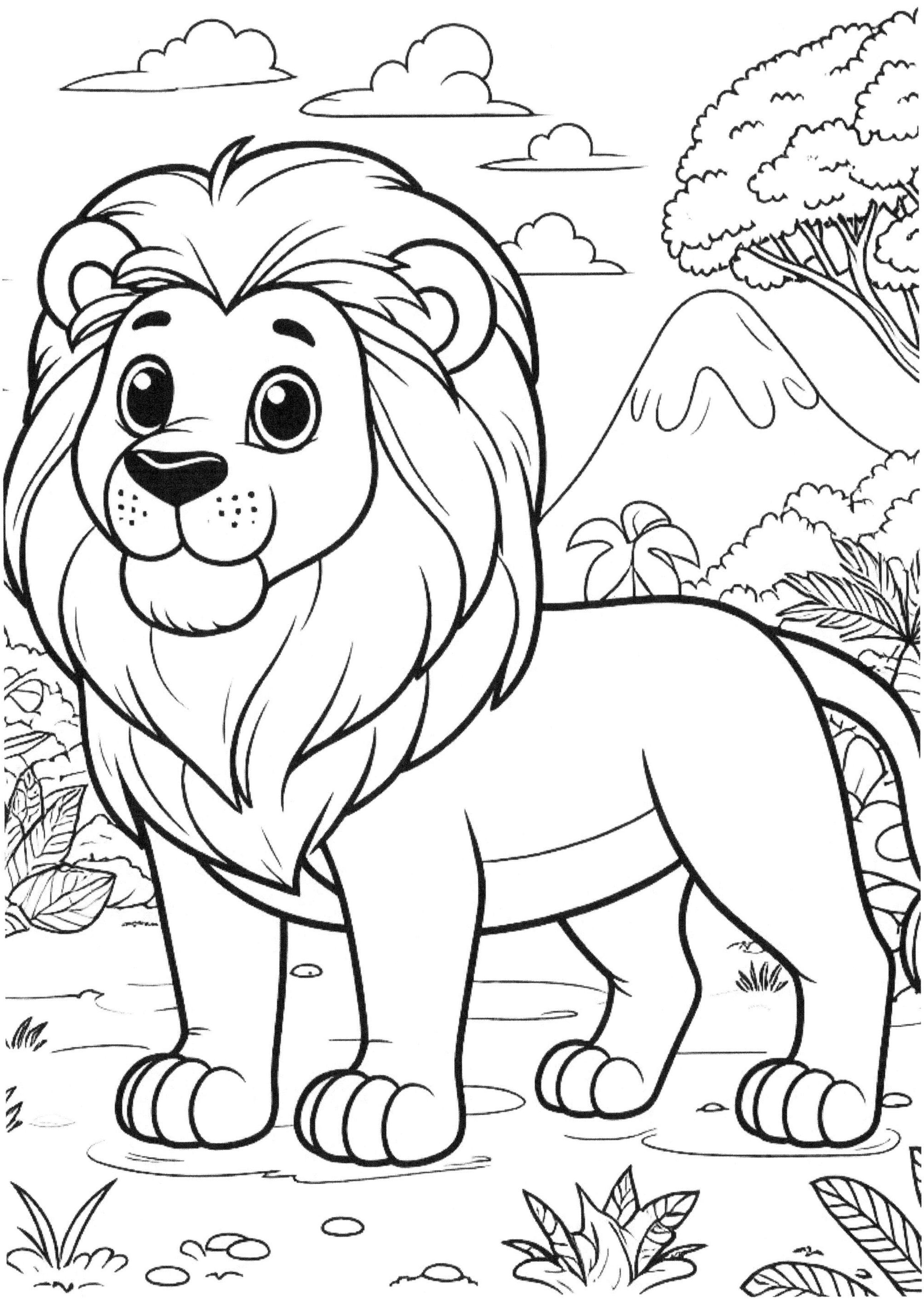

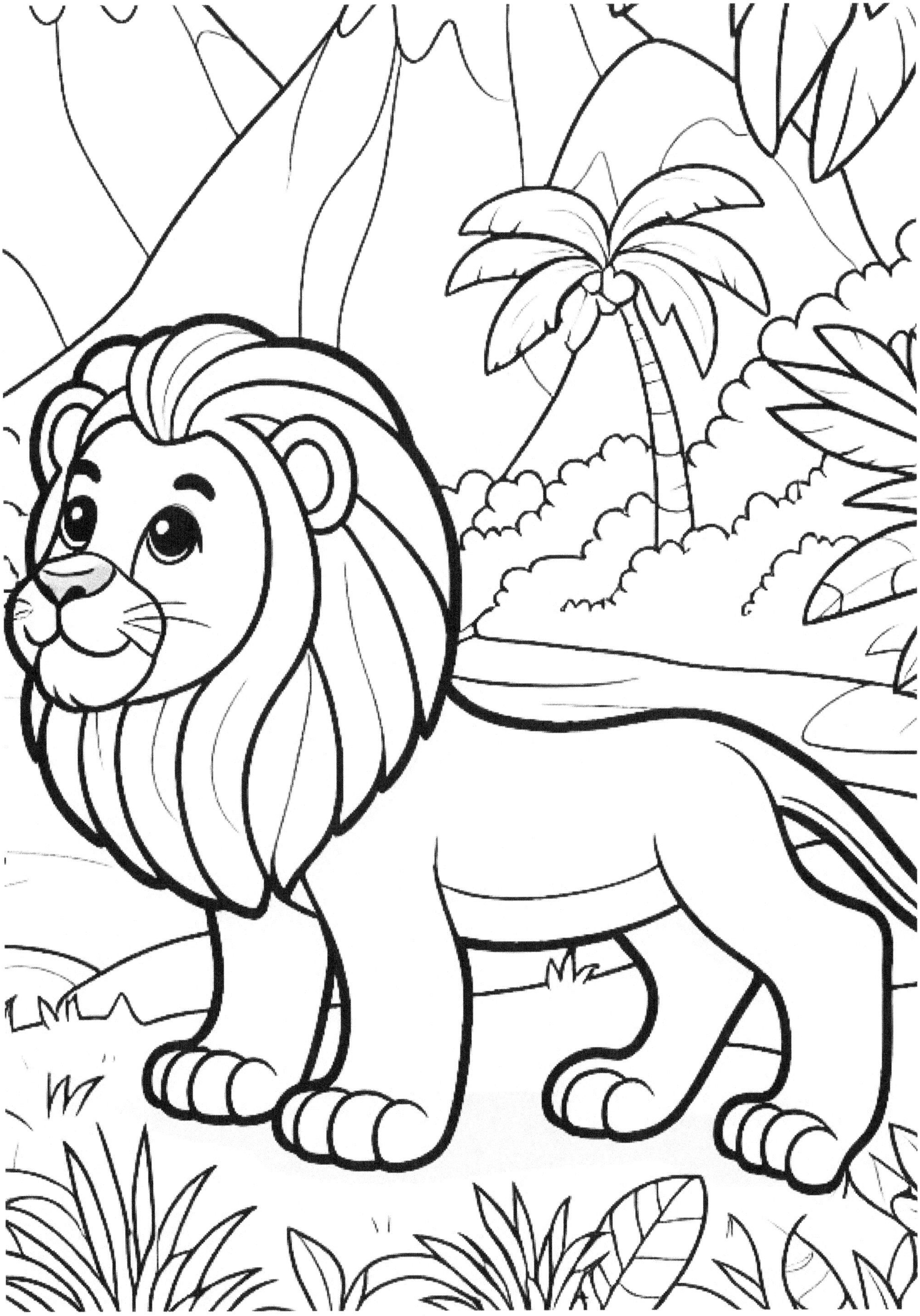

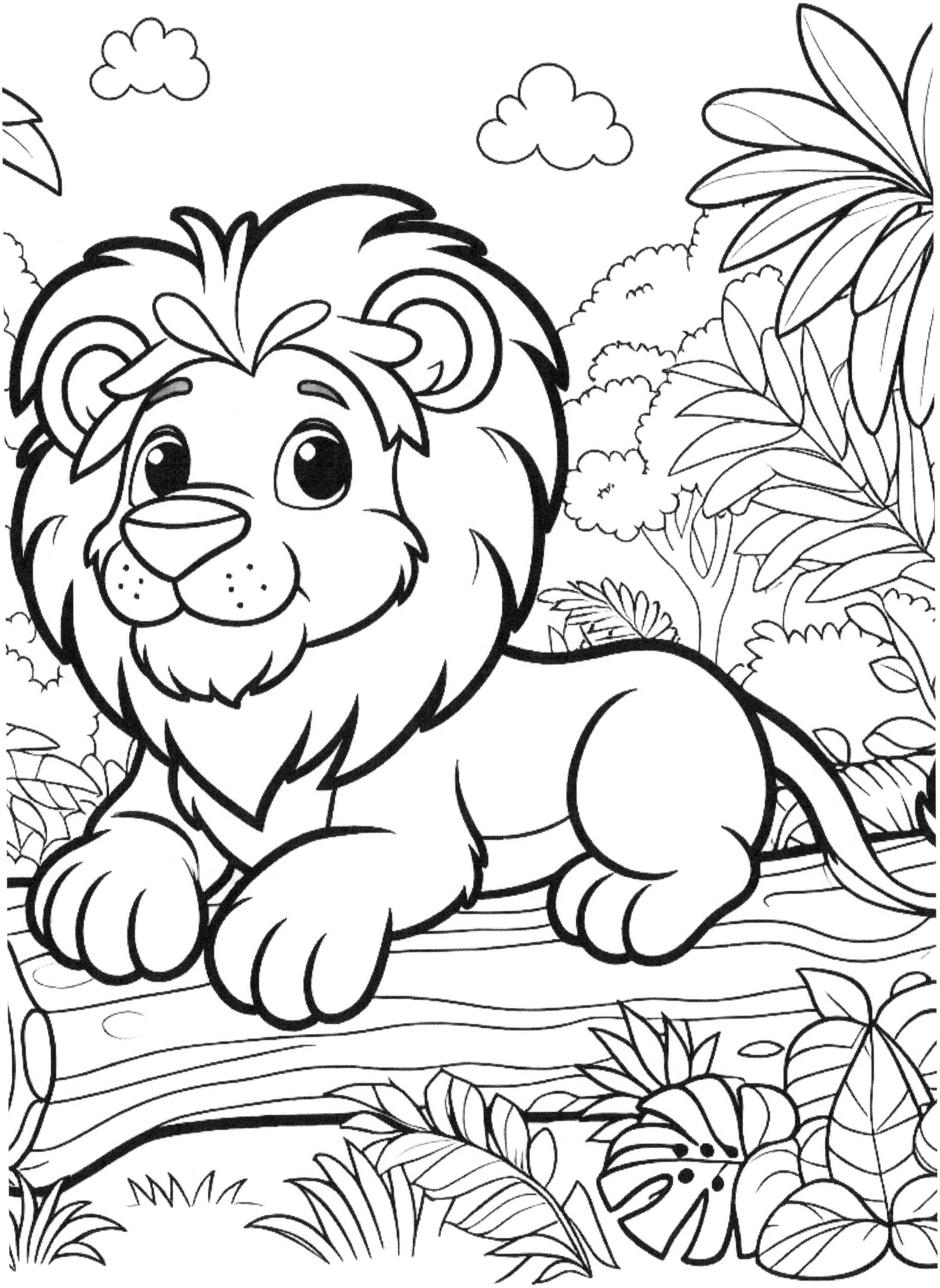

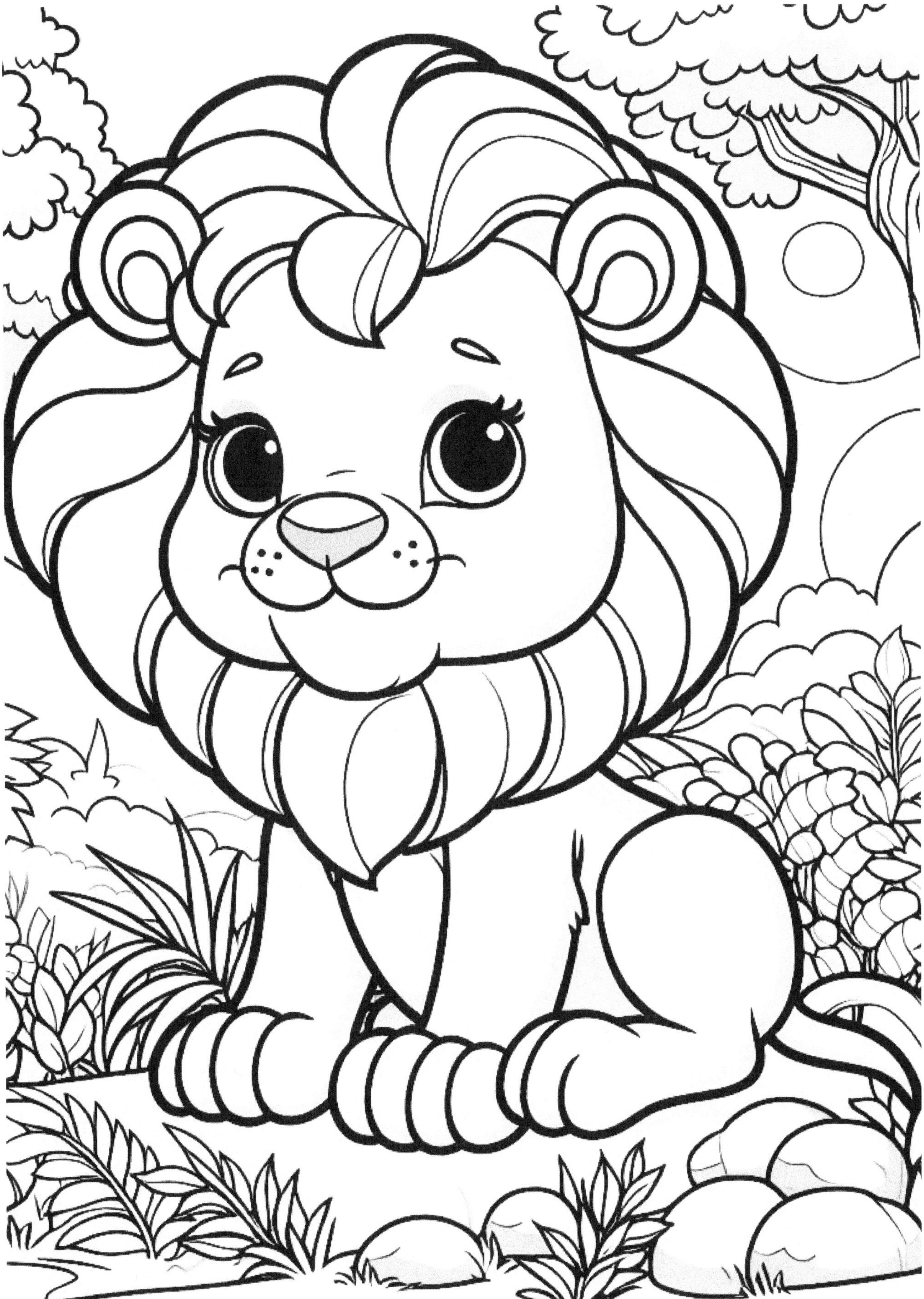

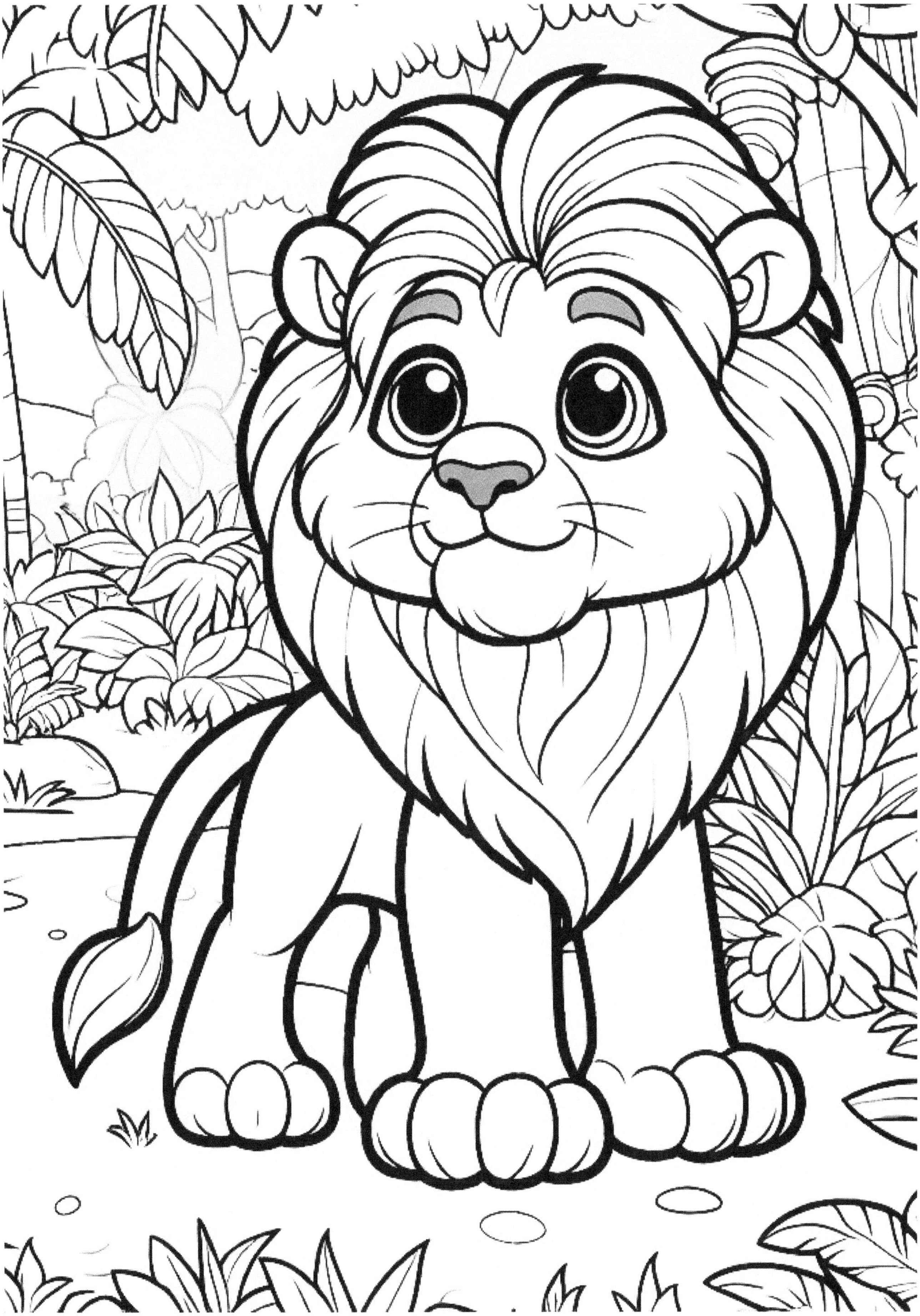

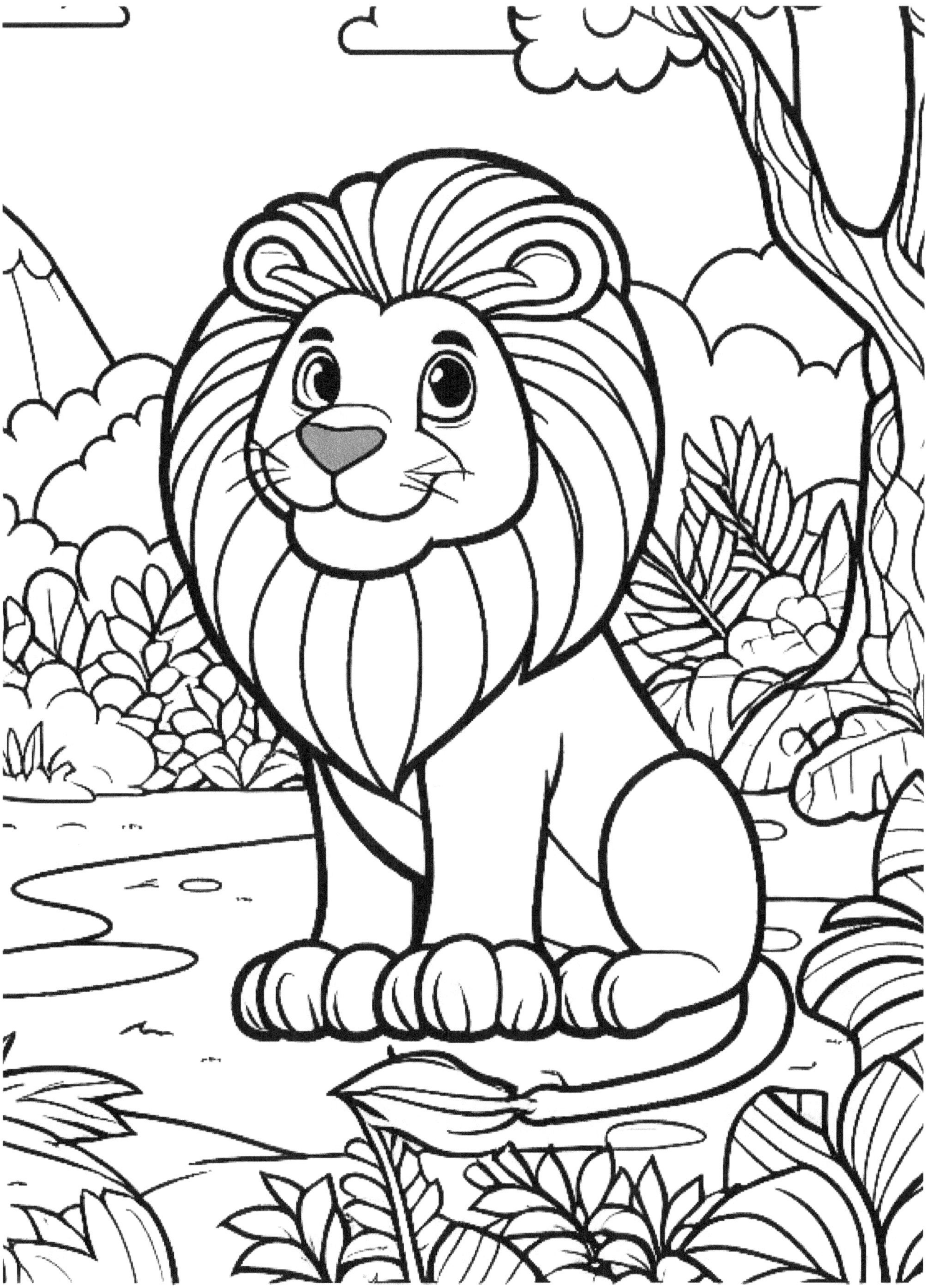

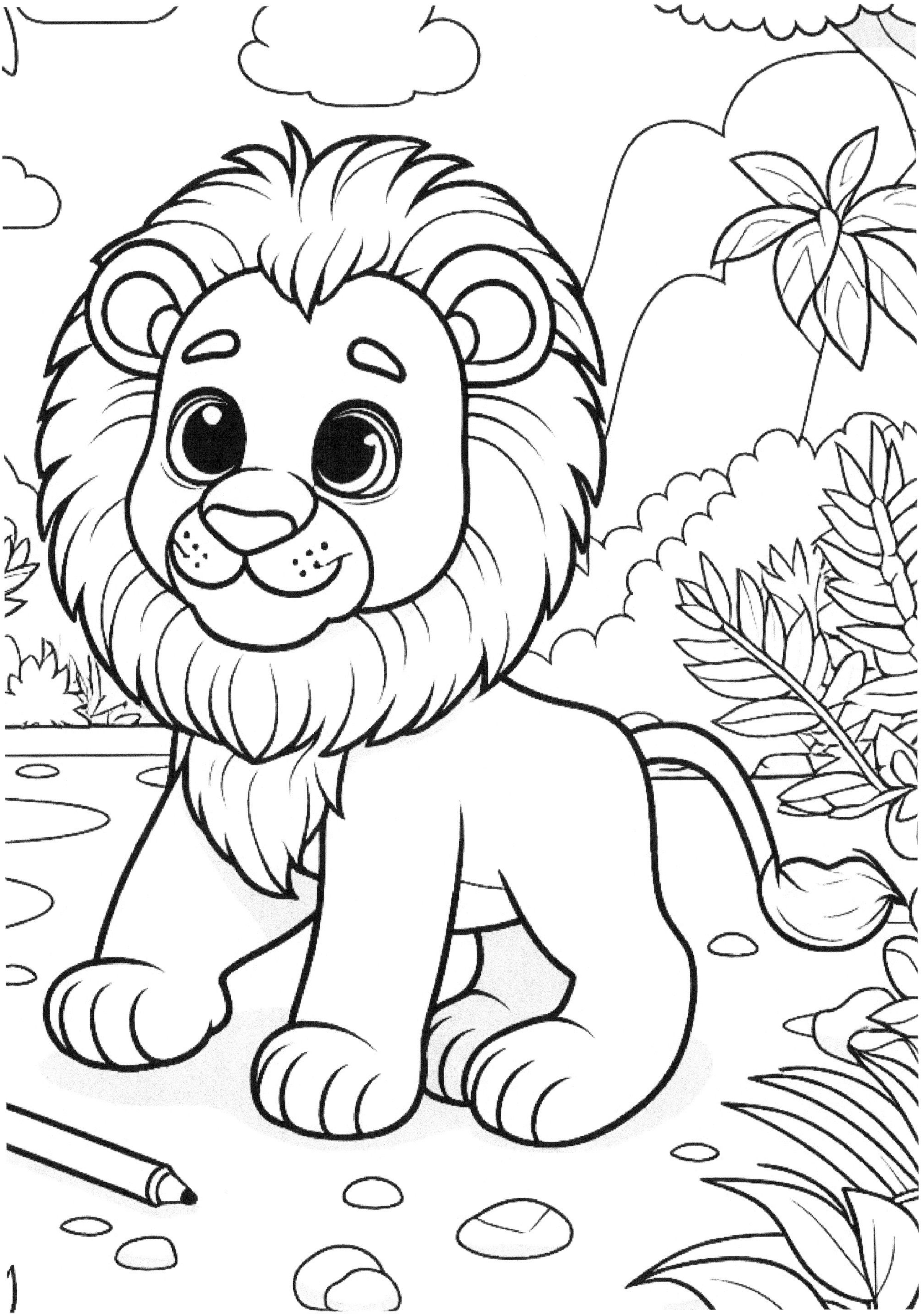

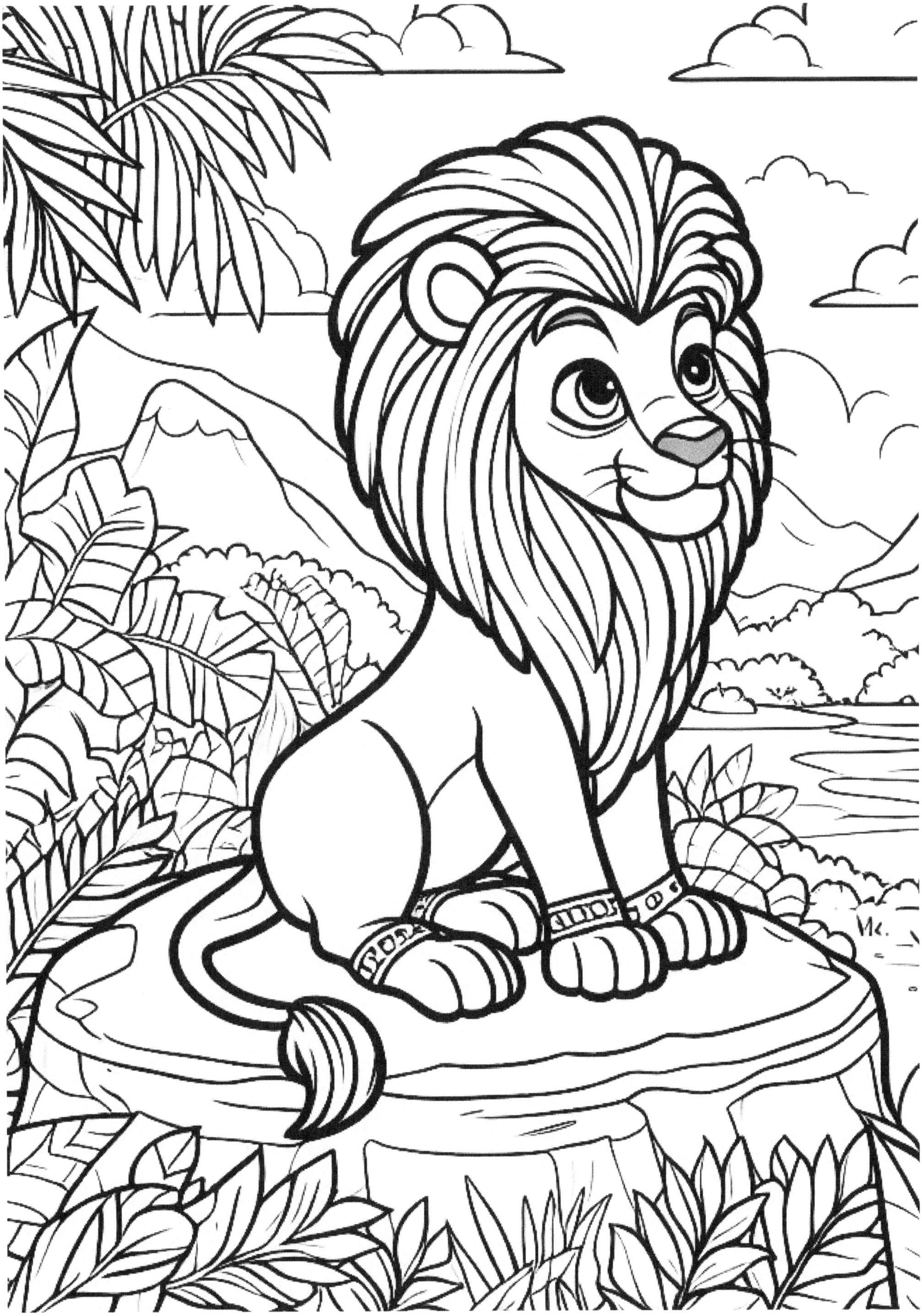

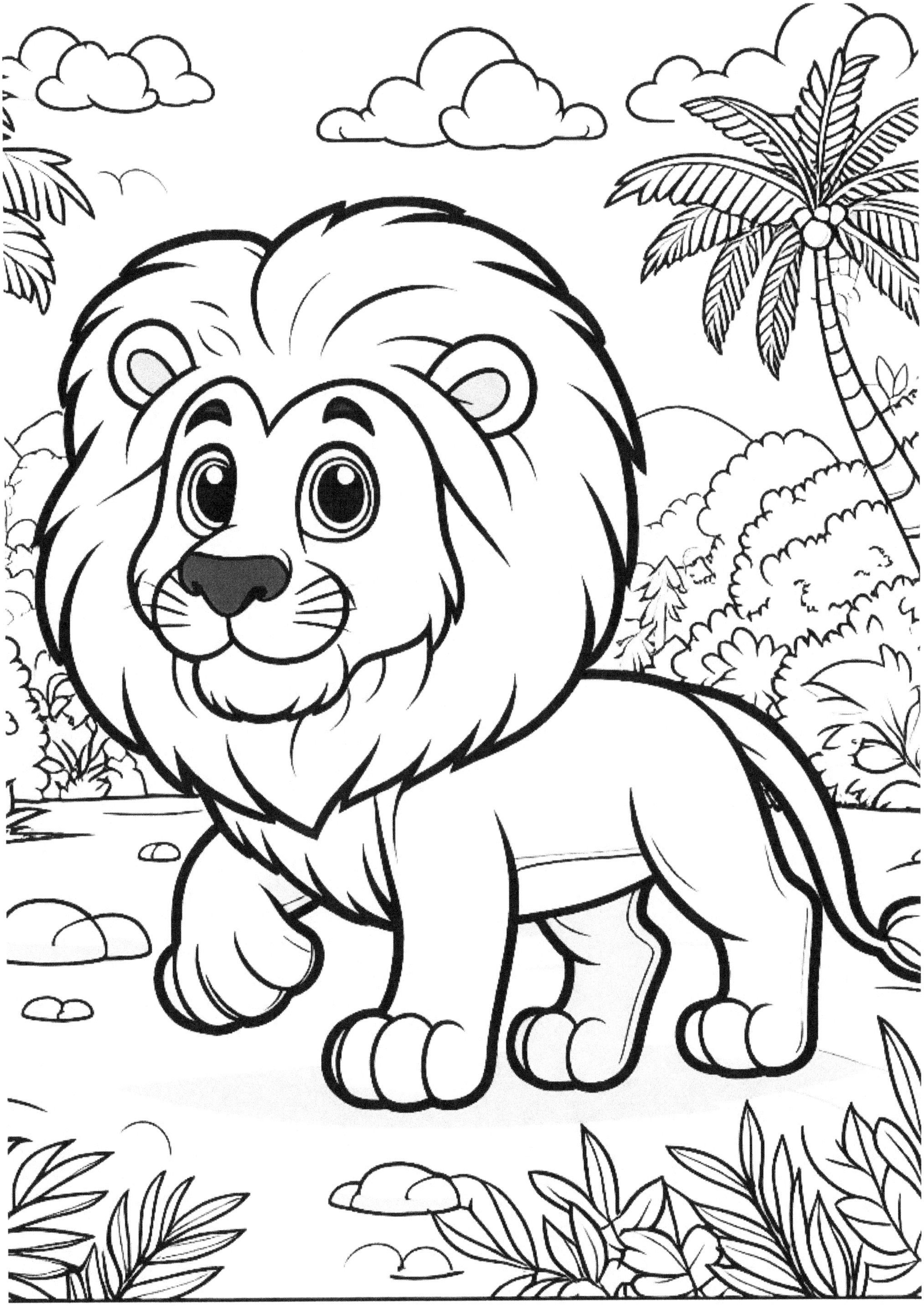

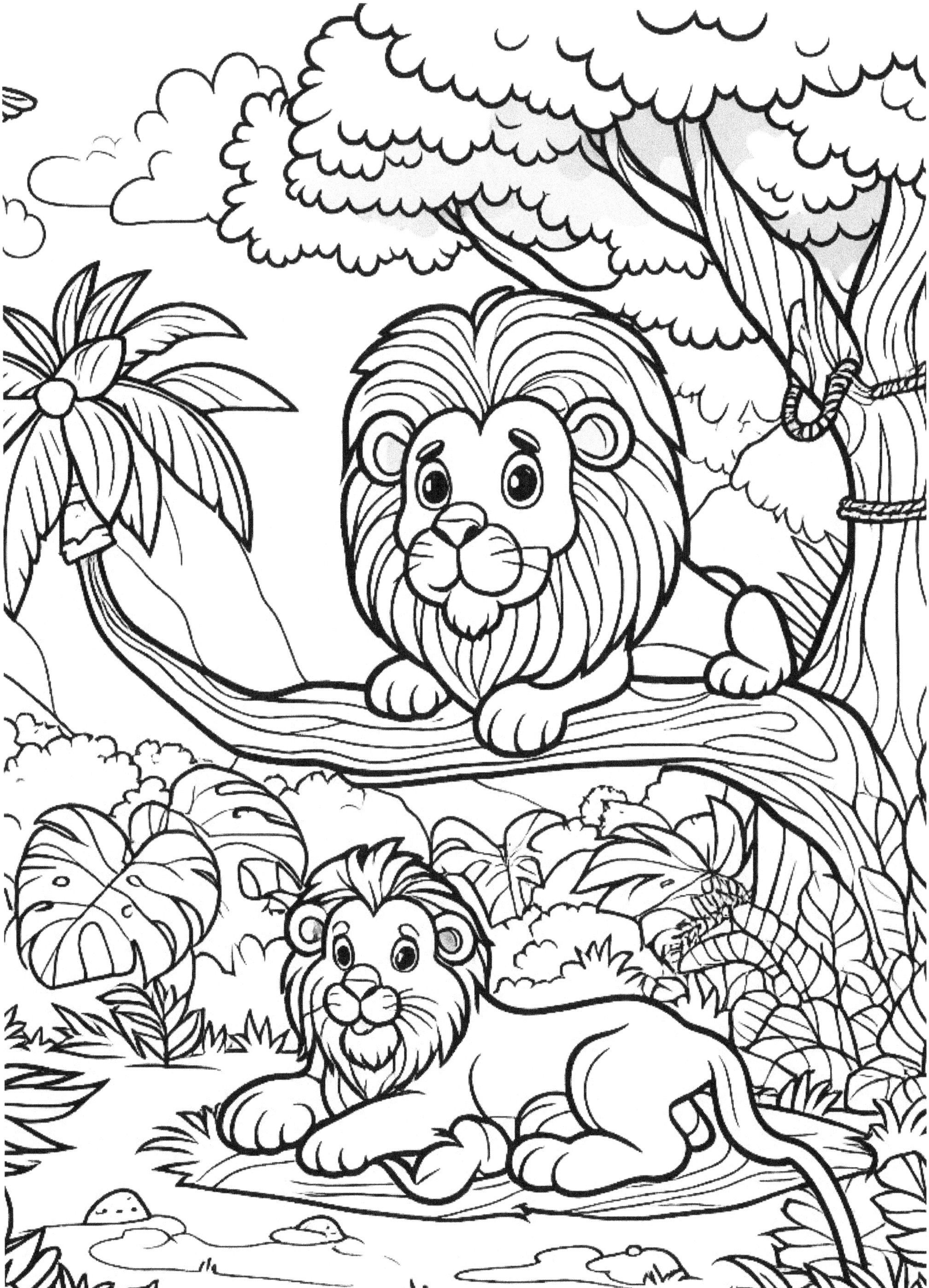

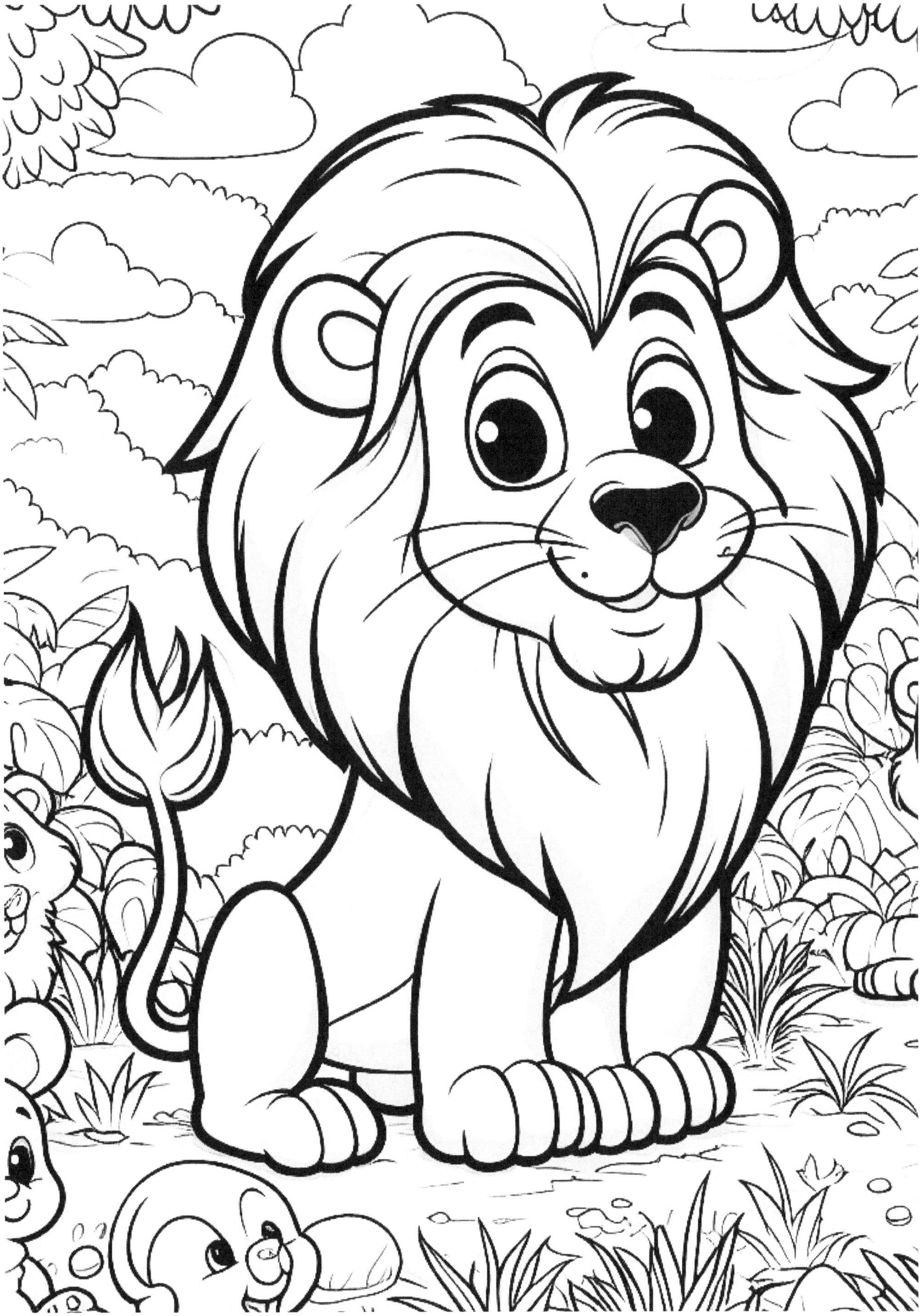

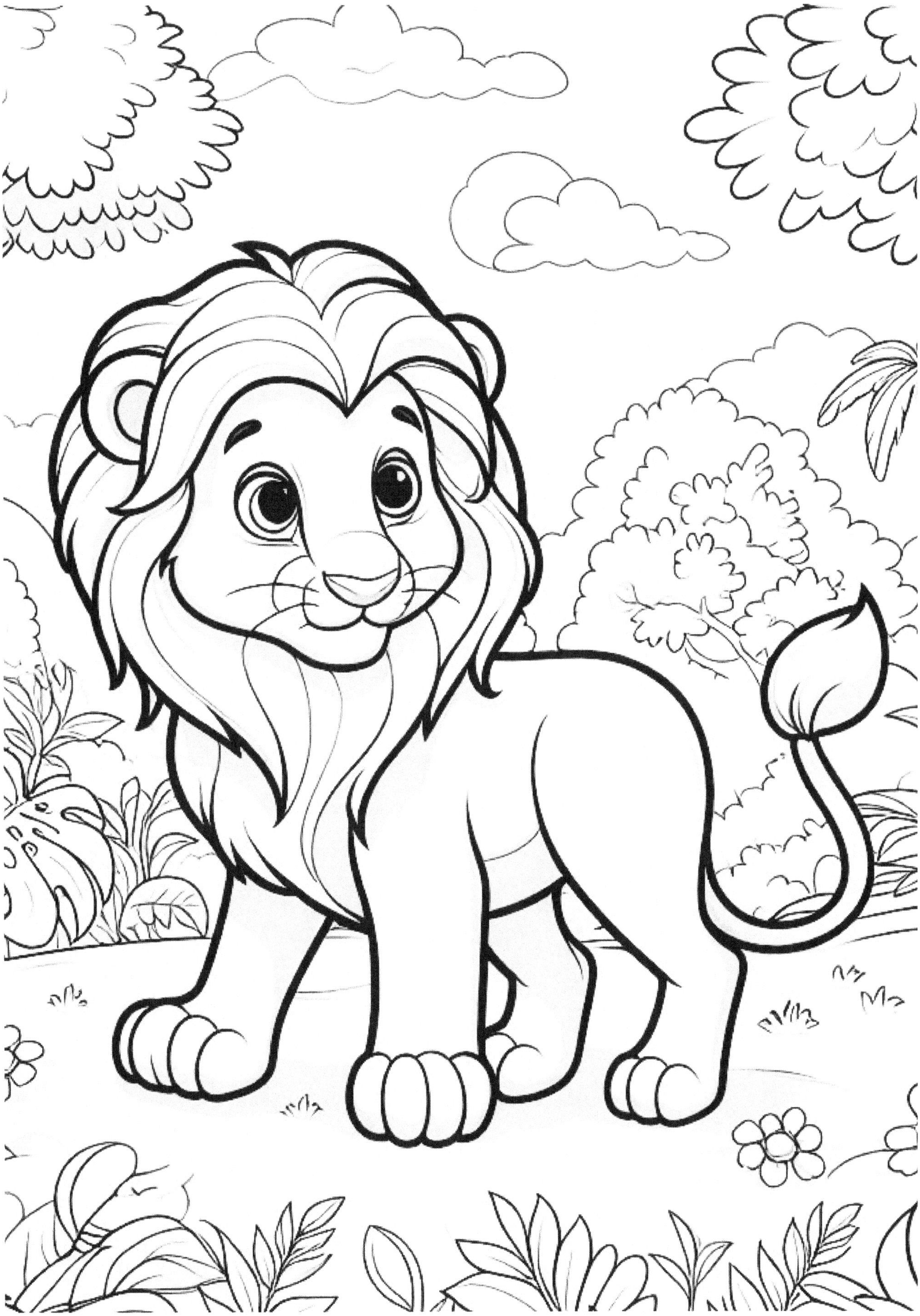

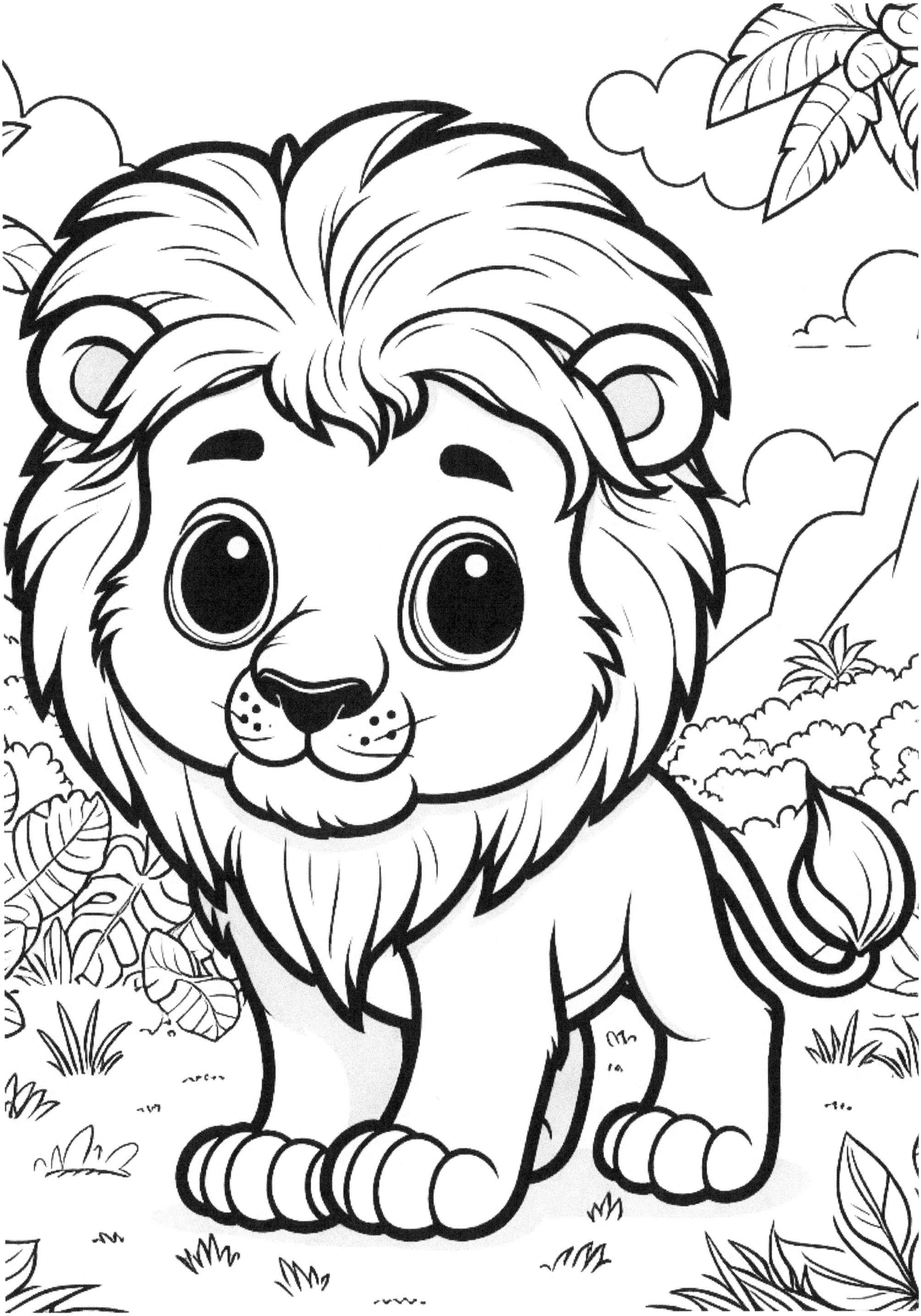

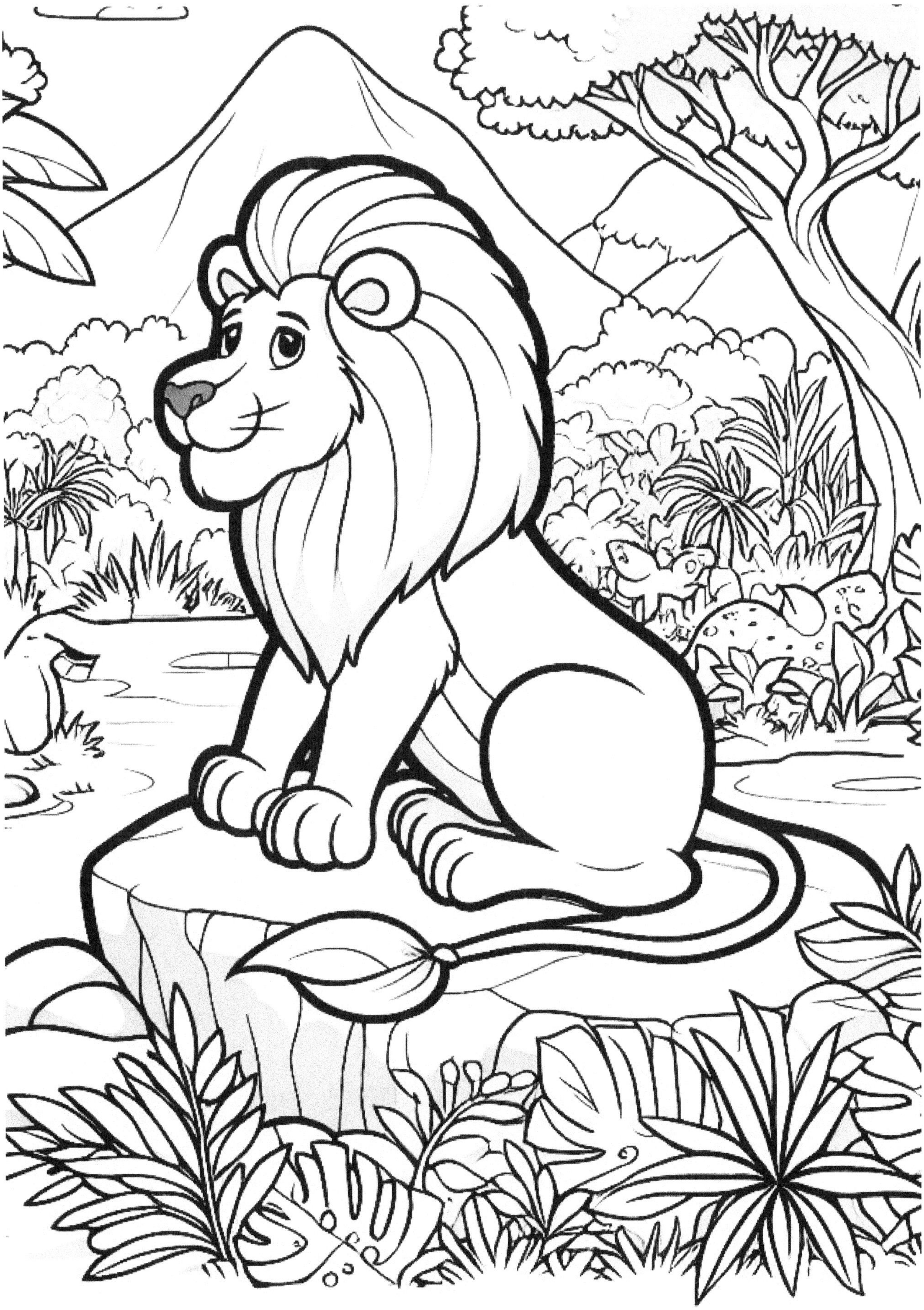

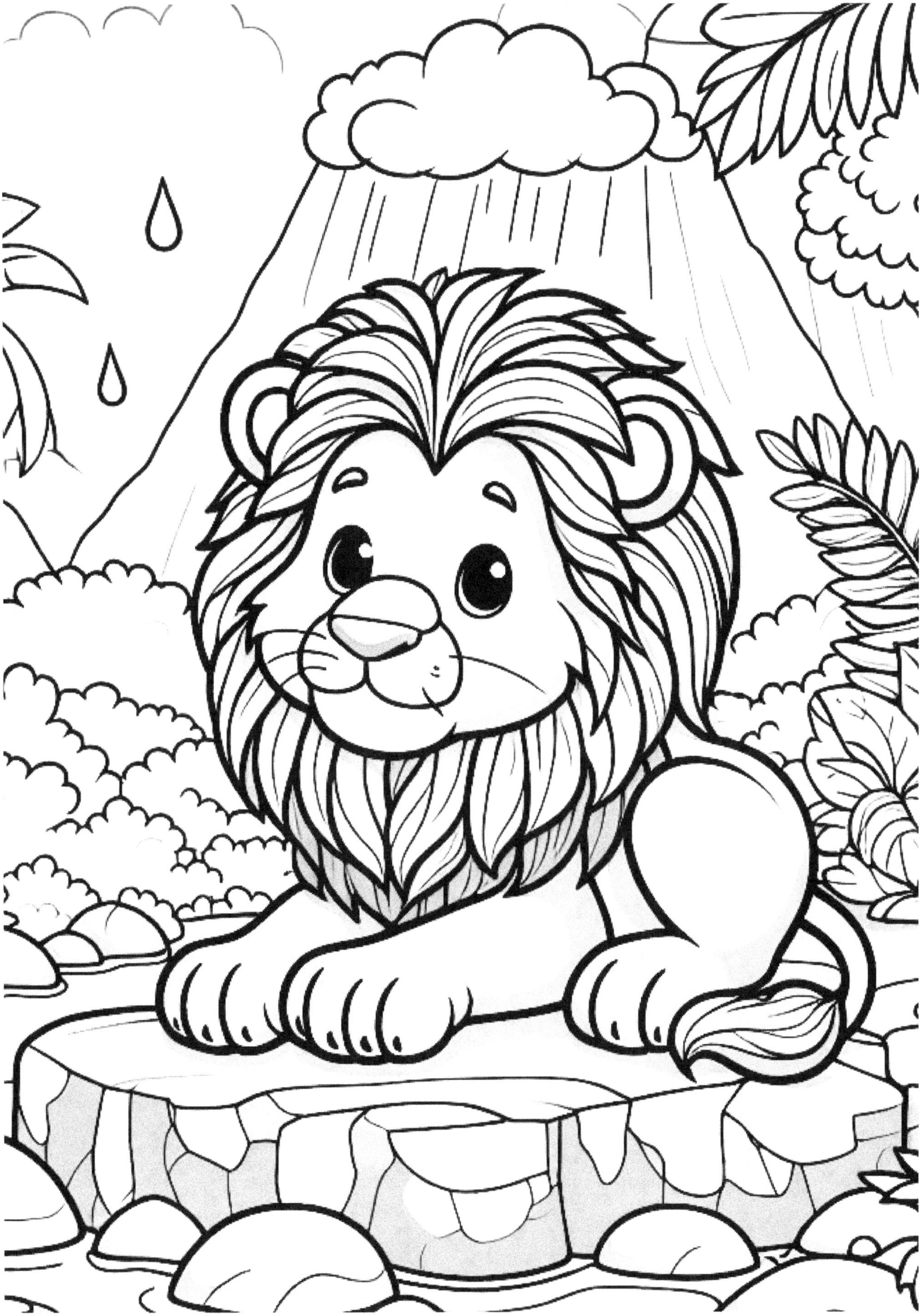

www.ingramcontent.com/pod-product-compliance
Lightning Source LLC
Chambersburg PA
CBHW062125220526
45471CB00010B/3890
* 9 7 9 8 3 2 3 5 8 0 7 1 2 *